RENOVACIÓN DE LA LUNA

RENOVATION OF THE MOON

OTROS LIBROS DE EMMA ROMEU / OTHER BOOKS BY EMMA ROMEU

El rey de las octavas, Lectorum Publications Inc, New York, USA, 2007.

Azul y otros relatos del mar, Alfaguara, México, 2005.

Un bosque para la mariposa monarca, Santillana, México; Altea, Santillana USA, 2005.

El pájaro mosca, Santillana, México, 2004; Altea, Santillana USA, 2004.

Ahí viene el lobo gris, Santillana, México, 2004; Altea, Santillana USA 2005.

Orejas de cielo y otros cuentos, Ediciones SM, México, 2003.

René y el pigmeo en la selva, Editorial Norma, México, 2003.

Las patas del flamenco, Santillana, México, 2002; Altea, Santillana USA 2004.

Mi amigo el manatí, Santillana, México, 2002; Altea, Santillana USA, 2004.

Gregorio y el mar, Alfaguara/Libros del rincón (SEP), México, 2001; Alfaguara, México, 1997; Alfaguara, Madrid, 1996.-

Naufragio en las Filipinas, Alfaguara, México, 2000.

Gregorio y el pirata, Alfaguara, México, 1999.

A Mississippi por el mar, Alfaguara, México, 1999.

Gregorio vuelve a México, Alfaguara, México 1998.

Los dioses tosen, Centro universitario de arte, arquitectura y diseño de la Universidad de Guadalajara/Inst. Michoacano de Cultura, 1997.

LIBROS DE LA AUTORA TRADUCIDOS AL INGLES /
BOOKS BY THE AUTHOR TRANSLATED INTO ENGLISH

A Forest for the Monarch Butterfly, Altea, Santillana USA, 2005.

My Manatee Friend, Altea/Altea, Santillana USA, 2004.

The Flamingo Legs, Altea/Altea, Santillana USA, 2004.

Here Comes the Gray Wolf, Altea, Santillana USA, 2005.

The Bee Hummingbird, Altea, Santillana USA, 2004.

RENOVACIÓN DE LA LUNA

RENOVATION OF THE MOON

Emma Romeu

Translated by Michael L. Glenn

EDICIONES ALPISPA

Ediciones Alpispa
143 Washington Street,
Arlington, Massachusetts 02474
Edicionesalpispa@gmail.com

ISBN 978-0-9912041-0-6

Manufacturado en los Estados Unidos de América.

Diseño y composición: Janis Owens, Books By Design, Inc.

Ediciones Alpispa
143 Washington Street,
Arlington, Massachusetts 02474
Edicionesalpispa@gmail.com

ISBN 978-0-9912041-0-6

Manufactured in the United States of America

Design and composition by Janis Owens, Books By Design, Inc.

DEDICATORIA / DEDICATION

A mis ancestros de pueblos montañosos y selvas de ilusiones, de quienes heredé la paradoja de creer en los peces de colores.

To my ancestors from mountainous towns and woods full of dreams, from whom I inherited the paradox of believing in mermaids.

CONTENIDO / CONTENTS

PARTE I / PART I
DESDE ESTRIBOR / FROM STARBOARD

PARTE II / PART II
PISADAS / FOOTSTEPS

PARTE III / PART III
DE SOLES Y ARCHIPIÉLAGO/
ABOUT SUNS AND ARCHIPELAGO

RECOSTADA A ESTRIBOR / FROM STARBOARD

Poetry

When surprise silences other voices,
poetry arrives,
and goes it alone;
fears of being blamed
don't reach her,
nor do frontiers touch her,
in pirouettes
she passes through air, dust and flaming
waters,
and only stops
to thrust her shrewd dagger
in between the ribs of vulgarity.

Poesía

Cuando a las otras voces las silencia el asombro,
llega la poesía,
va sola,
no la alcanza el miedo a que la culpen
ni la lindan fronteras,
en piruetas
transita el aire, el polvo, el agua
encendida,
y solo se detiene
para clavar su sagaz estilete
en las costillas de la vulgaridad.

The Sea

For Martí the sea is an enormous monster,
and for Borges a mirror in his blindness;
for me
it's the afternoon I loved you in its depths,
the water that translated what wasn't said,
the breath,
with which we aroused the waves.

El mar

Para Martí el mar es monstruo enorme,
y para Borges su espejo en la ceguera;
para mí
es la tarde en que te amé en su hondura,
el agua que tradujo lo no dicho,
el aliento
con que provocamos olas.

From Starboard

Leaning to starboard I see tsunamis,
even though the sea is only Category 4
on the Douglas Scale.
Behind, the port has vanished,
ahead is the prow
and the fear of starting in another part
of zero point zero, without money
or friends
or even a tree with familiar flowers.
Then my sailor forbear spins about
and I return to settling
the cargo in the hold,
because I don't want to go down
since in spite of everything
love and being alive are enough
to want to bear the heaving seas.

Desde estribor

Recostada a estribor veo Tsunamis,
aunque el mar solo ostente Fuerza 4
en la Escala de Douglas.
Detrás se cerró el puerto,
delante está la proa
y el miedo a comenzar en otra parte
de cero punto cero, sin dinero
ni amigos,
ni tan siquiera un árbol de flores conocidas.
Entonces se revuelve mi ancestro navegante
y vuelvo a acomodar
la carga en las bodegas,
pues no quiero irme a pique,
ya que a pesar de todo,
el amor y el estar vivo es más que suficiente
para querer aguantar las marejadas.

Painting

They were strict times and I
contrary
escaped to the dunes
and smoked on the last stool in the bars
an adolescent haze
that traveled in whorls of dreams and poems
until it reached the *Malecón**
and mingled with those aerosols
the Caribbean dispatches
from the sea towards the paintings.

*The *Malecón* is a long seawall which stretches for
almost 5 miles (8 km) along the coast in Havana.

Pintura

Eran tiempos de venias
y yo ajena
me escapaba entre dunas
y fumaba en la última banqueta de los bares
un humo adolescente
que viajaba en volutas de sueños y poemas
hasta llegar al malecón
a mezclarse en esos aerosoles
que despliega el Caribe
del mar hacia los cuadros.

Gaucho

The gaucho is like the history of America:
savage in his genesis,
he blends his sorrows with his guitar,
hates whoever tries to tame him,
and dreams in torrents,
with skills learned
from rebel horses.
In dreaming, I take after him,
I remember those days when forbidden to travel,
I lay a mat upon my floor,
green, made of Vietnamese reeds,
and in that small meadow celebrated with *mate:*
then, on a fourteenth floor in Havana,
Martin Fierro
became subversive again.

Gaucho

El gaucho es como la historia de América:
indómito en su génesis,
matiza sus dolores en vihuelas,
odia a quienes tratan de convertirlo en manso,
y con destrezas aprendidas
de rebeldes caballos
sueña a chorros.
Y en soñar me asemejo,
recuerdo aquellos días que prohibida de viajes
desplegaba en mi sala una estera
verde de juncos vietnamitas
y en tamañas praderas festejaba con mate,
entonces Martin Fierro
desde un piso catorce de La Habana
volvía a ser subversivo.

Do I Owe My Life to You?

To whom do I owe my life?
My life, life . . . .
For sure I owe it
to a jubilant sperm
and an egg well-versed in eco-systemic wisdom;
and I owe it,
to a child who stopped the fall
of my horse drenched in innocence
in the hills of Soroa;
and I owe my life to my brother
who saved me from the always savage sea
and I couldn't later, Oh God!
save his in return.
And it's true that another time I owe my life to love,
to the diver that pulled me, porous woman,
from the deep fatal currents
to kiss my life.
And alive here now, both today and the past stirring within me,
I stop and look back
because I'm grateful.
To whom else do I owe my life?
my life, life . . . .
I don't know of anyone else,
so if by chance you've saved my life
and I never knew it,
send me a message,
because I ought to add you to the second edition
of this poem.

¿Te debo la vida?

¿A quienes les debo la vida?
¿La vida, vida . . . ?,
la debo con certeza
a un espermatozoide jubiloso
y a un óvulo maduro de sapiencia ecosistémica;
y la debo,
a un niño que detuvo el despeñe
en lomas de Soroa
de mi caballo empapado también de ingenuidades;
y la debo a mi hermano,
que la salvó del mar siempre inflexible
y yo no pude luego, ¡Oh Dios!,
la de él salvarle.
Y es verdad que al amor debo otra vez la vida,
del buzo que a mí, mujer permeable,
me arrancó de corrientes fatales y profundas
para besar mi vida.
Y viva aquí de ahora y de ayer
me detengo y repaso,
pues soy agradecida.
¿A quiénes más les debo la vida?,
¿la vida, vida . . . ?,
que sepa a nadie más,
pero si acaso has salvado mi vida
y nunca me enteré,
envíame un mensaje
porque debo añadirte en la segunda edición
de este poema.

The Day I Frightened Barbra Streisand
(Boston, 2010)

This time the star was settled in a
theatre seat,
and I by fate
had just sat down in front of her.
The gesture of my hand,
moving strangely when I recognized her,
frightened the artist,
and she shrank in place, getting smaller,
which a star can do.
No one had told her about the physicist
who lived in Havana
and was called Yeyo,
who conjured up suns
with his laser equipment
using unparalleled computations,
and always with two witnesses for his experiments:
Streisand's music
and my still silhouette.
Through scientific journals I discovered he had died,
his kind intelligence travelled out among his stars;
so that, at meeting someone who so delighted him,
my hand betrays me,
the music returns, memories flood me:
Barbra in front and us both without Yeyo!

El día que asusté a Barbra Streisand

(Boston, 2010)

Sentada en la butaca de un teatro se halló esta vez
la estrella;
y yo, por cosas del destino,
habría de sentarme justo delante de ella.
La artista se asustó del gesto que mi mano
en raro movimiento
tuvo al reconocerla,
y se encogió en su sitio hasta disminuirse
lo que puede una estrella.
Nadie le había dicho del físico científico
que vivía en La Habana
y se llamaba Yeyo,
que fabricaba soles
en cálculos inéditos con su aparato laser,
siempre con dos testigos en sus experimentos:
la música de Streisand
y mi silueta quieta.
Por revistas de ciencia supe que él había muerto,
su amable inteligencia viajó adonde sus astros;
así que al encontrar a quien lo deleitaba,
mi mano me descubre,
me retorna la música, me llenan los recuerdos:
¡Barbra frente a mí y nosotras sin Yeyo!

Adarga*

When I was a little girl I had a single outfit
with a white blouse,
and my tattered shoes
were filled with wonder.
I had a seashell to tell my wishes to,
a green bookcase
that fell into pieces
without letting the famous *Treasure*
escape,
and I had a lane and my secret place,
and a basil plant,
and friends,
truly,
and the sea that rinsed me clean of
poisonous surprises.
Later . . . (there's no 'see you later' to later),
when the little beads
fell from my collar, their
color faded,
and a make-believe horse blended into my shoreline,
luckily I remembered the exact place
behind some bushes
below the ruined roof,
where a heart-shaped shield
from my childhood
lay hidden.

*An *adarga* is a small heart-shaped leather shield.

Adarga

Cuando era niña tenía un solo ropaje
con una blusa clara
y mucha maravilla
en mis rotos zapatos.
Tenía un caracol al que pedía deseos,
un librero que verde
se caía en pedazos
sin dejar escapar
el famoso *Tesoro*,
y tenía una calle y mi lugar secreto,
y una planta de albahaca,
y amigos
de verdad,
y el mar que me enjuagaba
venenosos asombros.
Luego . . . (no hay hasta luego a luego),
cuando las cuentecillas
saltaron de los cuellos perdidas
de colores,
y el caballo fingido se adentró en mis riberas,
por suerte recordé el sitio exacto
detrás de unos arbustos,
bajo el techo arruinado,
donde dejé escondida la adarga
de mi infancia.

Beyond The Weathervanes

I'm a lover of attic windows
and multitudes swallowed by the metro,
of packed theatres and glamorous bars.
I love Paris, Manhattan, Madrid, London and Mexico City (and also
that Havana whose magnificent halo a pilot once made me see . . .)
I don't know why then,
when the afternoon comes for me in whatever town,
I always look up high,
beyond the weathervanes,
for the unconquered silhouette
of the solitary bird.

Más allá de giraldas

Soy amante de ventanas a azoteas
y multitudes tragadas por el metro,
de teatros colmados y bares con glamor.
Amo París, Manhattan, Madrid, Londres, y México (y también
esa Habana cuyo halo de grandeza me hizo ver un piloto . . .).
No sé por qué entonces,
cuando las tardes llegan para mí en cualquier urbe,
siempre busco en lo alto,
más allá de giraldas,
la silueta invicta
del ave solitaria.

Dreams

The empire of dreams ceases
if its infinity includes surrender,
because don't you know that dreams
are Egyptian honey
that resists the Nile?
If dreams get cornered off,
some star where we once lived,
or that awaits us is lost,
and if they're dismissed and then called back
the rainbow in their wings no longer looks the same.
There are traders
who become searchers for banished dreams,
for hidden dreams,
but mine take wing without anyone's forcing them,
and I only share them with children
when they want to know
how to store them,
whether to use jars
or let them be crews on butterflies,
(even children know the dangers that can scare away the unseen).
Fond of my dreams,
I'd try to understand
if they grew bored with so much company and decided to leave,
I'd prefer that they go off and write me,
but not forget me
or go too far away,
since they're my dreams they haven't saved any money
and if they want to come back,
because they always come back,
I don't want them to need ships
or anyone to bring them back,
I want them to walk directly to their house
into this riverbank made for dreams
where I live
or that is me.

Sueños

El imperio de los sueños se detiene,
si su infinito incluye rendiciones,
¿porque acaso los sueños
no son mieles egipcias
que resisten el Nilo?
Si se arrinconan sueños
se pierde alguna estrella en que una vez vivimos
o la que nos espera,
y si se les destierra y luego se les llama
el iris de sus alas ya no se ve lo mismo.
Existen mercaderes
que se hacen buscadores de sueños desterrados,
de sueños escondidos,
pero los míos vuelan y nadie los obliga,
y sólo los comparto con niños
cuando quieren saber cómo es que se atesoran,
si es que se usan frascos
o acaso se les deja tripular mariposas
(hasta los niños saben que puede haber azares que ahuyenten
lo invisible).
Apegada a mis sueños,
si se aburren de tanta compañía y deciden partir,
hago por comprenderlos,
prefiero que se vayan y me escriban,
pero que no me olviden
ni se marchen tan lejos,
como son sueños míos no han ahorrado dinero
y si quieren volver,
que siempre vuelven,
que no requieran naves
ni nadie los regrese,
que transiten directo hasta su casa
en esta ribera hecha para los sueños
en que habito,
o que soy.

Girl in a Burka

A cocoon of shadow
isn't enough to
contain my light
if you draw near;
only when you're gone
does the darkness come in.

Muchacha en burka

Un capullo de sombra
no es bastante
para contener mi luz
si te me acercas;
sólo cuando no estás
me llega lo oscuro dentro.

Alicia

Someone told me one day
about a path
where there were
big-nosed daisies
and spiders that spun
with petals' flour.
A route without commemorations
where I could wander
in flights of magnets
fascinated me,
and so I took it
and went on a voyage
with leaves
that spoke more than a hundred thousand dialects,
and went so far away
I can't find my way back.
I hope,
for my own good,
that at the end of this path
I'll run into
the person who gave me the secret.

Alicia

Alguien me habló un día
de un camino
donde había margaritas hocicudas
y arañas que tejían
con harina de pétalos.
Me fascinó una ruta
sin conmemoraciones
y en donde viajaría
en vuelos de magnetos,
por eso la tomé
y anduve en travesía
con hojas
que parlaban más de cien mil dialectos,
y tanto me alejé
que no encuentro el regreso.
Espero,
en el bien mío,
que al final de esta senda
yo pueda tropezarme
con quien me dio el secreto.

My Street in the Roma Neighborhood

I love the energy
that rises from my street,
it gets into my pots and pans,
shakes up my books,
sticks to my sheets
and makes me feel restless.
The songs
that come from my street
delight me,
some are cheerful,
others laments,
but they all look at
what's certain and uncertain.
I love the energy
that rises from my street
and brings me what's authentic.

Mi calle de la colonia Roma

Me encanta esta energía
que sube de mi calle,
que se mete en mis ollas,
que revuelve los libros,
que se pega a mis sábanas
y me trae lo inquieto.
Me gustan las canciones
que llegan de mi calle,
algunas son alegres,
otras son de lamentos,
pero todas se fijan
en lo cierto e incierto.
Me encanta esta energía
que sube de mi calle
y me trae lo auténtico.

Deep Inks

My greeting is from gulls with brand new wings,
and I understand, even though whiners
might take advantage of me.
I'm inclined to endure any malice
so long as keeping an open heart doesn't close off the world,
I zealously protect the inks with which my ancestors
soaked the rocks with bisons
in order to keep them moving.
Such is my biology of Tudancan* cow,
I prefer ingenuity,
although at times it
can be unforgivable.

Tudanca is a breed of cattle developed in Cantabria, Spain, where Emma
Romeu's ancestors come from.

Tintas profundas

Mi saludo es de gaviotas en sus alas más nuevas,
y comprendo aunque de mi comprensión
pueda abusar el llanto,
me inclino a soportar toda malicia
si con dejar abierto el corazón no cierro el mundo,
resguardo en ilusión mis ancestrales tintas
que enchumbaron las rocas de bisontes
por mantenerlos andantes.
Así es mi biología de vaca tudanca,
prefiero la ingenuidad,
aunque a veces esta
sea imperdonable.

My Grandfather

In Havana
he finished packing his bags:
he added up his varied coins,
the photo of his son,
and it was his turn to die.
Then he began his return
to the heavens of Altamira*,
he wanted to meet his mother,
left behind,
when at twelve
the ship took him
in search of fortune.

I believe he found her
because I feel a sense of peace.

*Altamira is a famous cave in Cantabria, Spain,
known for its prehistoric paintings.

Mi abuelo

En La Habana
terminó de llenar su equipaje:
sumó varias monedas,
la foto de su hijo,
y le tocó morir.
Entonces emprendió el regreso
a cielos de Altamira,
quería reencontrarse con la madre dejada,
cuando a los doce años
el barco lo llevó
en busca de fortuna.

Creo que sí la halló,
porque yo estoy en paz.

Old Man

He holds his seventh life
in his gaze,
waits for caresses
with the anxiety of a dog,
still exhausted from a thousand journeys
he easily opens up to fresh hearts,
and at night,
like a little bird,
cries in silence
for his solitude.

Un viejo

Tiene en la mirada
la séptima vida,
espera las caricias
con ansiedad de perro,
aún extenuado de las mil carreras
desboca fácilmente por corazones frescos,
y en las noches,
como pajarito,
llora en silencio
su soledad.

Counter-fire

Life is sometimes a mountain devastated by fire
that ruins the sensors,
but some people survive the deforestations
and with green footsteps
crush the swastika into little sticks
which become
the cinders of another vanquished blaze.
An inferno in the mountain sometimes
envelops us,
it's the stunned hillside of the girl
who has lost her mother,
it's the absurd tearing apart of mercy,
and it's a struggle for dikes and for plenty of rain
against that awful fire
that burns because it doesn't know
the true essence of the spring.
For a few minutes the air heavy with ashes
shuts our lungs to life;
only counter-fires to that other masked burning
called sadness
can wear down its momentum,
and make the birds return to the tree
where a lone burnt limb remembers the nest
and make the hermit sing
to the seeds
that the flames never reached
in their life deep in the earth.
That's why, even if the flames dry the land
as far as the tears of hidden rivers,
I will be like the bird,
follow the hermit
and open my arms to the sun,
for I too am a seed.
The mountain will hear about me very soon.

Contracandela

La vida a veces es una montaña de incendio embrutecida
y rompe los censores,
pero hay quien sobrevive las deforestaciones
y con verdes pisadas
desbarata la esvástica en palillos pequeños
que se vuelven
cenizas de otra vencida hoguera.
Un infierno en la montaña a veces es lo que
nos envuelve,
es la ladera atónita de la niña
que ha perdido a su madre,
es el desgarre absurdo de la misericordia,
y es un luchar por diques y que no falten lluvias
en contra de ese pésimo fuego
que arde por no saber
lo que es la primavera.
El viento cargado de vestigios
le cierra por momentos los pulmones a la vida,
sólo contracandelas a ese otro ardor enmascarado
que se llama tristeza
puede gastar su ímpetu,
y hacer que al árbol del que solo un gajo chamuscado
recordaba los nidos le regresen las aves,
y que el ermitaño le cante
a la semilla
que en su vivir profundo
no la alcanzan las llamas.
Por eso aunque las flamas sequen hasta
las lágrimas de ríos escondidos,
imitaré al ave,
seguiré al ermitaño
y me abriré al sol:
¡también soy la semilla!
Que la montaña sepa de mí muy pronto.

Love at First Sound

The voice behind the column ordering a café
was unknown to me and at the same time
totally essential.
Since then I waited every afternoon when
it left its hiding place,
always at the same table behind the column,
until one day I finally challenged that pillar,
the eyes that were reading the paper reacted idly
to my insistent shadow, later the voice
followed the eyes.
And here we are years later
in the same café,
once again at separate tables,
his selfish eyes following the news
forgetful of having been my mirror on so many evenings,
although now his voice
among the others is strange to me,
and not only because of the trace time leaves
in the vocal cords.

Amor a primera voz

La voz que pedía un café detrás de la columna
me fue desconocida y a la vez
del todo imprescindible.
Desde entonces aguardé cada tarde cuando ésta
salía de su escondite,
siempre en la misma mesa detrás de la columna,
hasta que al fin un día desafié aquel macizo,
los ojos que leían el periódico reaccionaron con pereza
a mi insistente sombra, luego la voz
acompañó a los ojos.
Y aquí estamos años después, él y yo,
en el mismo café,
de nuevo en mesas separadas,
sus ojos egoístas siguen en el periódico
olvidados de haber sido tantas noches mi espejo,
aunque ahora su voz
entre las otras me es ajena,
y no sólo por la huella que en las cuerdas vocales
deja el tiempo.

Casting Net to the Sun

This is an emergency,
I have to mount a horse with a grey or yellow mane
to return to Central America.
I'll begin my trip at the busy Chiapas border,
and pass through the colors of the peopled patina
of great Guatemala,
then the burned crags, stubborn in their beauty,
of the unnamable poet's loving little land,
and finally I'll skirt the gulf, its song and laments,
until I reach a shore in Nicaragua that only I know.
There I have to stop among the sea turtles that insist on
returning to the infinite,
and hearing once again that roaring sound at the Pacific's waist,
I'm urged to make sure that our witness,
the sunset,
exists far beyond the hole in a fisherman's net,
and in my dreams.

Atarraya al sol

Esta es una emergencia,
he de subir a un caballo de crines amarillas o grises
para volver a Centroamérica.
Empezaré mi andar por el borde impaciente de Chiapas,
irán quedando atrás los colores de pátina poblada
de la gran Guatemala,
los quemados peñascos porfiados en belleza
del paisito amoroso del poeta innombrable,
y al fin bordearé el golfo, su canto y sus lamentos,
hasta llegar a una playa que sólo yo conozco en Nicaragua.
Allí he de detenerme entre paslamas que se empeñan
en regresar a lo infinito,
y escucharé de nuevo el sonido extremoso en cintura del Pacífico,
me urge comprobar que aquella puesta de sol,
nuestro testigo,
existe más allá del hueco de una red de pescadores,
y en mis sueños.

Darkness

This afternoon I saw you follow my clothes
with your eyes,
as if each article took me away from you.
I could see from your frown how much you hated my
black lace bra, so often your favorite,
and I saw the poison-tipped arrows your sullen glance
hurled at my bikini
and then jabbed into my stockings like claws,
same as with my dress with the innocent neckline;
even the bracelet you chose for me seemed like an enemy.
You return to your book, your mouth clenched shut
so you can't say goodbye
when you should be wishing me luck,
I head off alone to a meeting at work,
and with the sound of the door hinge
the sigh that comes to me feels like a lament:
maybe the door is also complicit in whatever
you imagine?
Maybe I'll come back later, I don't know,
I'd like to wander through a park or go to some movie
when my appointment is over,
to delay the moment of hearing your bitter questions
once again,
and to keep on being a woman in love with life a little longer.
Jealousy doesn't belong to this world,
it's darkness.

Tinieblas

Esta tarde te he visto perseguir con los ojos las prendas
que vestía,
como si cada una me alejara de ti.
Reconocí en tu ceño cuánto odiaste mi sostén
de encaje negro, tantas veces tu favorito,
y vi las flechas que bañadas en ponzoña lanzaba a mi bikini
esa mirada umbría,
que luego se clavaba en mis medias como garras,
igual que en el vestido de escote inocente;
hasta la pulsera que tú mismo escogiste para mí
te pareció enemiga.
Con la boca sellada vuelves a tu libro
para no despedirme
cuando deberías desearme suerte,
me encamino en solitario a una junta de trabajo,
y con el sonido del gozne de la puerta
me llega ese suspiro que parece lamento,
¿acaso también la puerta es cómplice de aquello
que imaginas?
Quizás regrese tarde, no lo sé,
quisiera andar a un parque o entrar en cualquier cine
cuando acabe mi cita,
demorar el momento de escuchar otra vez
tus preguntas amargas y poder ser así un rato más
una mujer amante de la vida.
Los celos no pertenecen a este mundo,
son tinieblas.

Still Pond

You say "still pond"?
You want me to be your still pond?
Poor little wooden man!
I'm a whirlwind of celestial particles
and don't need some hotel of a planet,
I'm a germ with no schedule,
a wave not a tide,
I'm the push of a wing and the oars'
sacred dust,
I'm flight . . .
Bah! . . . but you've already fallen asleep without knowing anything.

El remanso

¿Dices remanso . . . ?,
¿quieres de mí un remanso?
¡Pobre hombrecito de palo!:
soy tromba de partículas celestes
sin ganas de planeta posadero,
soy el germen sin horario,
soy la ola y no marea,
soy el envite del ala y el polvo
sagrado de los remos,
soy el vuelo . . .
¡Bah! . . . pero ya te dormiste sin saberlo.

Chasqui*

I wake at night with my old *chasqui* nightmares,
frustrated at not arriving in time,
or rather,
at mixing up the message in my mind.
I had to tell you I loved you
and wound up only babbling
that the river had flooded the road,
that I lost my sandals with the deer leather soles,
that the bolt of lightning that set fire to the small parched thicket
threw me flat on my face,
but you were watching me distrustfully from your golden seat
and ordered them to throw me naked
among the condors.
And while I tremble the rest of the night,
that other terrible nightmare lashes me,
the one of not feeling your body in this lonely bed,
as icy as the Andean cliffs.

*A *chasqui* is a messenger from the Incan Empire.

Chasqui

Despierto en la noche con viejas pesadillas de chasqui
frustrado por no llegar a tiempo,
o más bien, por enredar el mensaje en mi memoria.
Tenía que decirte que te amo
y sólo alcanzo a barbotear
que había una crecida del río en el camino,
que perdí mi sandalia de suela de venado,
que el rayo que incendió el seco bosquecillo
me hizo caer de bruces,
pero tú me mirabas desconfiado desde el oro en tu silla
y ordenaste que me lanzaran desnuda
entre los cóndores.
Y en mis temblores del resto de la noche
me fustiga la otra terrible pesadilla,
la de no sentir tu cuerpo
en esta cama solitaria,
cual gélido barranco
de los Andes.

From My New Electronic Tablet

Doesn't everyone who gets this far already know
that the present
abandons every dormant course,
haven't they learned
that the sole conduit is
water flowing in its channel,
and don't they know that if the past still shows its face
it's just to bring more pretense of hidden wrinkles.

Doesn't everyone who has experienced love
already know
that just because it smiled the same old way
you don't have to go along with the flow,
instead you should clean the cable
from the nourishing place in your heart,
and offer everything up new.

The past is only an angry drop
of nostalgia.

Desde mi nueva tableta electrónica

Quién que llegue hasta aquí no sabe ya
de que el presente
abandona toda ruta dormida,
quién no ha aprendido ya
que el agua en sus canales
es la única vía,
y dónde está el que ignore que si el pasado muestra ahora su cara
sólo trae en sí aquel disimulo de arrugas escondidas.

Quién que haya conocido el amor no sabe ya,
que aunque su rostro te sonría en la vieja manera
no debes de ese modo seguirle la corriente,
sino limpiar el cable
desde el lugar del pecho donde sale el sustento
y darle todo nuevo.

El pasado es sólo una gota rabiosa
de nostalgia.

A Flirt

Next to a mail box
which he surpasses in speech but barely in height
a little man spins phrases that become poems
in exchange for women´s reactions.
The mail box doesn´t open its mouth,
it knows no sender in its common paunch
can compete
with someone who rewards his admired angels
with such whorls of ingenuity.
A tiny man woos hearts in the street and
I hurry to pass beside him.

Piropo

Junto a un buzón postal,
al que sobrepasa en verbo y apenas en altura,
un hombre pequeñito enlaza frases que se vuelven
poemas a cambio de féminas reacciones.
El buzón no abre su boca,
sabedor de que ningún remitente en su vulgar barriga
puede concursar
contra aquel que reintegra en volutas de ingenio
los primores que admira.
Un varón diminuto enamora en la calle y
y yo me apuro por pasar a su lado.

Landscape

Few visions move me like the solitude
of something growing on a ledge—
a flower with scarcely five petals,
simple to other eyes, but not to mine that admire
its not demanding more soil from its roots
than the arid place
it inhabits.
A white note above the grays,
its five wings more than enough,
it creates a landscape:
beauty needs but a single petal.

Paisaje

Pocas visiones me emocionan como la soledad
de la que crece en risco,
es una flor de apenas cinco pétalos,
simple a otros ojos, no a los míos que admiran
su falta de reclamo a sus raíces
por no darle más suelo que el paraje de aridez
que la acompaña.
En una nota blanca sobre grises,
con cinco alas sobrada
hace paisaje,
porque para belleza basta un pétalo.

I'm Cutting Loose

Not even love which is the greatest thing compares
with exploring your true self in solitude;
and so I cherish the fates that people me
with sandstones and waves caught *in flagrante,*
and confetti and imperfect notes,
and deep in my core I live in the
feathers that have fallen from wings
but still continue the journey
through their dreams;
I embark aboard sting rays for the horizon,
and if I reach the palace it's because I'm going barefoot
to caress the clownish stripes of the clothing,
and hear the tinkling of bells,
and ride the green marble lions
that, sensing the jungle, roar beneath my feet.
Those who make their rounds will never know
what to do with me on cloudy days
without my parasol,
without my coat,
without my hat:
they call me to the eaves that offer shelter
from the cold and inclemency.
Don't my remorseful fingers give them a clue?
whether I'm quietly settled or pierced by an arrow,
I need open country.
My backpack is enough:
that's where I carry the brushes that rub away the bars
when the world
thinking it can triumph over nature
constricts your hopes,
follows you on the wild horses' path
and captures you in its nets to delay
the trip
that would leave the shallows behind.

Desgajo

Ni el amor que es el grande se compara
a recorrer en soledad la propia esencia,
por eso yo acaricio los hados que me pueblan
de areniscas y olas in fraganti,
de confetis y notas imperfectas,
y habito en mi meollo
cual plumas sueltas de alas
que siguen en el viaje con los sueños;
o embarco en mantarrayas a confines,
y si llego al palacio es porque voy descalza
a acariciar las rayas bufonas de los trajes,
a escuchar cascabeles,
a cabalgar los mármoles verdes de los leones
que bajo mis tobillos rugen y sienten selva.
Nunca sabrán quienes hacen las rondas
qué hacer conmigo en los días nublados,
sin mi sombrilla,
sin mi abrigo,
sin mi sombrero,
y me llaman a techos que protegen del frio
y de las inclemencias,
¿no les advierten mis dedos compungidos
que aún posada o flechada requiero campo abierto?;
mi morral es bastante,
ahí llevo los pinceles que deshacen las rejas
cuando a veces el mundo
cincha las esperanzas
para sentir que puede
con la naturaleza,
y te sigue en la ruta
de caballos salvajes,
y te lanza las redes
porque ha de demorarte en tu viaje
más allá del talud.

I discover trails, my arms like a windmill,
my hair like a lunatic's, tangled in the wind,
and if my steps should approach a table's edge
I move with the ants towards the crumbs,
leaving a poem on the counter in return,
in case anyone's waiting for it;
later I vanish again
jumping between the wells,
the blue faces of my companions
forever silent at my side.
One day, without hurrying, I'll put on my favorite clothes:
swallows' feathers on my arms,
the tiny fossil of the *Diodon* fish on my ear,
on my feet
plaited ropes gifted by the tree;
and over my heart this singing shell
that pours forth the truth
of the stubborn rainbow,
the most stubborn of things
that believe in the luck of being.
Thus secure I'll leave, as rich as gold
that hasn't been discovered,
as new as worlds
that don't come with us,
the boughs will guide me,
the ones the stag parts
as it wanders, seeking the ray
that illumines the woods.

Yo descubro senderos con mis brazos de aspas,
al viento va mi pelo liado cual de loco,
y si mis pasos llegan al borde de una mesa
ando con las hormigas a donde las migajas,
entonces dejo a cambio en la tabla un poema,
por si alguien lo espera;
luego desaparezco
saltando entre los pozos
con las caras azules de quienes me acompañan
para siempre en silencio.
Algún día, sin prisas, vestiré mi traje favorito:
en los brazos plumas de golondrinas,
el huesillo fósil del pez *Diodon* en mi oreja,
en los pies
los torzales donados por el árbol,
y sobre el corazón esa concha cantora
que vierte la verdad
del tenaz arcoíris,
que es el más tenaz de todos los que creen
en la suerte de estar.
Seguro así me iré, tan rica como el oro
que no se ha descubierto,
tan nueva como mundos que no nos acompañan,
me guiarán las ramas partidas por el ciervo
que va en busca del rayo
que ilumina la selva.

PARTE II / PART II

PISADAS / FOOTSTEPS

The Pardon

The news arrives like migratory birds,
exhausted from its trip,
in it I decipher pardons
from the temporary rulers of this land
which belongs to me.
They pardon contemporaries
as if they were gods
allowing a return to paradise
in a real paradise,
and doesn't this Caribbean island
with a cellular name
have the longest list of enchanted places?
I wait here, peering over my balcony,
where that other flight
called destiny has brought me,
I'd like to see some bird carry a pardon
in its beak that instead of rewarding me
would beg forgiveness for my dead—
from exile and other torments.
I'll sleep on my terrace,
I don't know if such a sad bird could reach this shore
But here I am, waiting.

El perdón

Arriban las noticias como aves migratorias
muy cansadas del viaje,
en ellas interpreto los perdones
de dueños temporarios del suelo
que a mi me pertenece.
Perdonan coterráneos
como si fueran dioses
que permiten retorno al paraíso,
en verdad paraíso,
¿acaso no lo es esa isla en el Caribe
de nombre celular
y larguísima lista de sitios encantados?
Yo espero asomada a mi balcón,
aquí, a donde me trajo ese otro vuelo
que yo llamo destino,
quisiera ver si algún ave en su pico
transporta aquel perdón que en vez de concederme
habrían de pedirme por mis muertos
de exilio y otros duelos.
Dormiré en mi terraza,
no sé si tal pájaro opaco alcanzará este borde
pero yo aquí me espero.

Vain Hummingbird

The children in my country
follow our words in a curious way.
If we say Cuba is an island of gold,
they look for the rainbow
which has colors they actually recognize.
If we talk about patriots of epic devotion,
they color frogs above the mustaches
while watching how we flee
the conquered soil we mythologized,
leaving them alone
in a country where heroism
shouldn't come from people,
but from leaflets.
Luckily,
no one discovers what's phony better
than a Caribbean kid.

Vano colibrí

Los niños de mi país,
siguen nuestras palabras de manera curiosa.
Si decimos que Cuba es una isla de oro,
ellos buscan el arco
que les lleva a colores que en verdad reconozcan.
Si hablamos de patriotas de épicos apegos,
les colorean ranas encima de bigotes,
mientras ven como huimos
del suelo conquistado quienes les fabulamos
y los dejamos solos en tierra que heroísmos
no han de salir del hombre,
sino de los panfletos.
Por suerte,
no hay mejor descubridor de lo fatuo
que un niño caribeño.

Double Moral

I love seeing how the double standard
isn't included in the truth of existence
and disappears over time
through its own practice.

Doble moral

Da placer ver como la doble moral
no está incluida en la verdad de la existencia
y a la larga desaparece
en su propio simulacro.

Lost Elegance

His suit counted for nothing,
not even the silk bow tie,
people rejected his elegance when
the man denounced a colleague in exchange
for that prize
(which, to top it all,
they never gave him).

Elegancia perdida

De nada le valió su traje
ni el corbatín de seda,
al hombre le derogaron la elegancia cuando
delató a un colega a cambio
de aquel premio
(que por añadidura
nunca le dieron).

The Rat

A rat climbs up through bottomless tunnels,
bites in silence,
looks docile,
reaches a cave
and then:
gnaws away, vomits from being overstuffed with hate,
and kills alone.
It's a rat.

Another rat ran along the Havana coast
in times of strict socialist rationing,
came and went in search of food,
came and went and didn't find anything,
and because of not wanting to eat others
ate its own tail.
It too was a rat.

But there are rats and . . . rats.

La rata

Una rata sube por túneles insondables,
muerde en silencio,
se muestra dócil,
gana una cueva
y entonces:
roe, vomita en su hartura de odio,
y sola mata.
Es una rata.

Otra rata corría en la costa habanera
en tiempos de estricto racionamiento socialista,
iba y venía en busca de comida,
iba y venía y no encontraba nada,
y por no comerse a otros,
se comió su propia cola.
Era también una rata.

Pero hay ratas y . . . ratas.

Vindication of the Giants

Isolated on her mountain top
the giantess
is off her game:
a little smart-aleck's strategy
has thrown her into a bad streak....
The giantess had five powerful heads,
each one exquisite,
and a teeny letter that was jealous of the horizons
lacerated one of them
with its weapon.
The wretched weakling,
delighted with its shortcomings,
knew the most dreadful thing that affects those beings
of great size,
knew about their heads, and that when one goes blind
even the hugest creatures become vulnerable;
and while its cruel titter of victory
was swallowed by the wind,
the astonished giant, in pain, fell
from her heights to the ground.
But there's a detail that escapes such bugs,
the nobility the good giants inherited
makes them rise up; already on her feet but with two ruined eyes
the giant couldn't make out the little thing that was writhing
on the ground in laughter.
When time passed the simple giant sent her colossal sandals
to the workshop
(on the topic of colossuses one can't forget
what the footwear suffers),
the good *Cotón*, her shoemaker,
found an anonymous tiny tooth and some small bones
encrusted in the sole,
and flipped them with his faithful tool
into the basket of useless things.

Vindicación de gigantes

Aislada en su altura anda ladeada
la giganta,
a causa del pequeño sabihondo de estrategia
que le lanzó su racha.
Tenía la giganta cinco poderosas cabezas,
cada una exquisita,
y el arma del minúsculo que envidiaba horizontes
laceró una de ellas.
El mísero alfeñique,
regodeado en sus límites,
sabía lo más terrible que afecta a aquellos seres
de mayores alturas,
sabía de las cabezas, que cuando una va ciega
hasta los más gigantes se vuelven vulnerables,
y mientras su risilla de vencedor inicuo
se calaba en los vientos,
la atónita giganta en su dolor de cima
caía hasta la tierra.
Pero hay un pormenor que escapa a sabandijas,
la hidalguía heredada por los buenos gigantes
los hace levantarse;
así que ya de pie y con dos ojos rotos
no distinguió la grande al pequeño que en risa
se retorcía en los suelos.
Cuando pasado el tiempo,
la sencilla giganta mandó al taller
su colosal sandalia
(en temas de colosos no se puede olvidar
lo que sufre el calzado),
el bueno de Cotón, su zapatero,
encontró incrustados en la suela un colmillito anónimo
y algunos huesecillos,
que hizo saltar con su fiel instrumento
al cesto de lo inservible.

Horizons

In an island
of fixed horizons,
poetry
is the only thing
that can pierce
the mocking line
of chimeras.

Horizontes

En una isla
de horizontes estáticos,
la poesía
es la única
capaz de traspasar
la línea burlona
de las quimeras.

Historic Tango

"What vulgar times! Times be gone!"
It's often heard now,
like some sentence hauled out of a 20th century tango
about people disgusted with wars and schemes;
"Times be gone!",
the masses would also protest with this litany
when the Inquisition got more refined in Baroque times
and the suits of armor
were dying of the heat in our America.
And so the great accordion could play plaintively, eternally,
because in terms of sifting through the ages,
it still hurts, all the way back to the club bashing
the cave-woman's head.
For this reason I open my heart to new music
that departs from the tango,
and gives other lyrics a chance.

Tango histórico

"Qué tiempos más vulgares, ¡vaya tiempos!",
se escucha ahora a menudo,
aunque parece frase sacada de aquel tango del siglo XX
sobre gente que asqueaba de guerras y de trampas;
"¡vaya tiempos . . . !,
también con esta letanía protestarían los vulgos
cuando la inquisición refinaba en barroco
y las armaduras
morían de calor en nuestra América.
Y así podría sonar eterno y lastimero el bandoneón,
porque en tema de hurgar
aún duele hasta el mazazo
a mujer de cavernas.
Por eso abro mi pecho a nuevas músicas
que varíen el tango,
y den chance a otras letras.

DE SOLES Y ARCHIPIÉLAGO / ABOUT SUNS AND ARCHIPELAGO

Tau Ceti (I)

I'm telling all my friends,
I saw it in the papers,
"The star Tau Ceti has a habitable
planet."
I want to take up a collection to build a ship
that will take me there right away,
I can't possibly wait till the rockets
offer good rates,
because by then there won't be any spaces left
free of propaganda where I can hang,
all my love poems for Earth
in huge capital letters.

Tau Ceti (I)

Les estoy avisando a todos mis amigos,
lo he visto en las noticias,
"La estrella Tau Ceti tutela un planeta
habitable".
Quiero hacer una colecta para construir el vehículo
que allí me lleve pronto,
no me es posible esperar hasta que los cohetes
ofrezcan buenos precios,
porque para entonces ya no quedarán esos espacios,
vacíos de propaganda, donde poder colgar
en letras grandes
todos mis poemas de amor a la Tierra.

The Planet (II)

It wasn't easy to find among the suns
but in the end I locate it
and land
to find out if as well as being habitable
it's inhabited
and if anyone finds my presence strange
on the most cherished planet of Tau Ceti.

El planeta (II)

No fue fácil hallarlo entre los soles
pero al fin lo distingo
y aterrizo
para saber que además de habitable
es habitado
y que a nadie le extraña mi presencia
en el planeta más mimado de Tau Ceti.

Cetians (III)

Solitude on this planet
is impossible,
energy comes from contact,
and if apathy gets to them,
they only have to tune their heart
to the nearest Cetian's,
that way they go off together
even in their mysteries.
When a meteor comes close,
they share a hiding place and
console each other.

Cetianos (III)

La soledad en este planeta
no es posible,
la energía llega del contacto,
y si el desgano alcanza
no hay más que equilibrar el corazón
junto al cetiano próximo,
así ellos se van acompañando
hasta en sus misterios.
Cuando un meteorito acecha,
comparten escondite y juntos
se consuelan.

A Look (IV)

Like my faraway island,
this planet is filled with innocence,
and so a self-proclaimed savior, or a hundred, or a thousand . . .
can be applauded
just like sunsets
or music,
since everything is new and a cause for joy
in places like Ceti.
But today a young poet's look has alarmed me,
I see her feeling a weight I know,
the weight of being coerced into silence,
I see fear.

Mirada (IV)

Al igual que mi distante isla,
este planeta está poblado de inocencia,
por eso un auto proclamado salvador, o cien, o miles . . .
pueden ser aplaudidos
lo mismo que las puestas de sol
o que las músicas,
pues todo es novedad y causa de alegría
en los mundos de Ceti.
Pero hoy la mirada de una joven poeta me ha alarmado,
la veo sentir un peso que conozco,
el peso del manejo a su silencio,
le veo el miedo.

My Goodbye to Tau Ceti (V)

My vital medicine is running out
and this planet hasn't developed it yet,
here seas abound dark with reflections
and transparent plants,
and the forms in the crystals that compare appearances
also proclaim I'm close by,
but in Ceti they don't know about illnesses
that sting you with nostalgia;
to survive I have to reach my ship
that's been confiscated,
(just like the new voices),
and I hear shouts,
the applause changes to burning rhythms,
and the air is alive with red and green
drops of spray.
I'm already dragging myself to the besieged house where scepters fall,
where trumpets sound
shattering the abuse of innocence,
then I see
at the high point of dreams and elbows
the face of the freed poet
her retractile tongue reaching
towards the nectar.
The Cetians are singing. I take off.

Mi adiós a Tau Ceti (V)

Caduca mi vital medicina
y en este planeta aún no la descubren,
aquí abundan los mares oscuros de reflejos
y plantas transparentes,
y el rastro en los cristales que contrasta apariencias
también se me declara en cercanía,
mas en Ceti no saben de las enfermedades
que pican en nostalgias;
para sobrevivir debo alcanzar mi nave,
que ha sido confiscada
igual que voces nuevas,
y oigo gritos,
se transforma el aplauso en impulsos quemantes
y el aire se revuelve en gotas de aerosol,
en rojo y verde.
Ya me arrastro a la casa tomada donde caen los cetros,
donde suenan metales
que embisten el abuso a la inocencia,
entonces veo en el vértice de sueños y de codos
la faz de la poeta liberada
y su lengua retráctil
extendida hacia el néctar.
Ya cantan los cetianos. Yo despego.

Boyfriend

The day a Martian
comes down the road
he'll be my indecipherable
green boyfriend.

I'll enjoy his accent
of unusual languages
the mystery of his mouth,
his faraway glances.

I'm already close to finding him
because I walk everywhere
my eyes
on the lookout for Martians.

And while I'm telling you,
friend of my years,
you smile enigmatically
and touch the shiny and permanent
bracelet
you always wear.

And I finally get it!

Novio

El día que un marciano
llegue a la carretera
ese será mi novio
de verde indescifrable.

Disfrutaré su acento
de lenguajes disímiles
el misterio en su boca,
sus miradas lejanas.

Ya voy cerca de hallarlo
porque ando en cada sitio
con ojos vigilantes
de marcianos.

Y mientras te lo cuento,
amigo de mis años,
sonríes con enigma
y tocas la pulsera
lustrosa y permanente
que siempre llevas puesta.

¡Y al fin me cae el veinte!

Distance

You splash down very close
to my raft
and make the whales change their course;
everything in me moves.
With the ocean so vast
I ask myself
why did you choose
this latitude of labyrinthine woods,
this longitude so solitary
in the middle of salt water
that is my soul.
Could it be because you found the clue
in my poetry?
I just need to ask you,
when you go away please leave me a potion
that will help me forget.
Without it,
my earthling forces
won't be able to bear
the distance
between your sun and my archipelago.

Distancia

Amarizas muy cerca
de mi balsa
y haces cambiar el rumbo a las ballenas;
en mí todo se mueve.
Con lo vasto que es el océano,
me pregunto
por qué escogiste
esta latitud de entramada selva,
esta longitud tan solitaria
en medio de las salinas aguas
que es mi alma.
¿Será porque encontraste la señal
en mis versos?
Sólo debo pedirte que al partir
me dejes una pócima
eficaz para el olvido,
sin ella, mis fuerzas de terrícola
no podrán soportar
la distancia
entre tu sol y mi archipiélago.

The Prado's Trees*

The Prado's trees have seen it all,
carnivals, festivals, strikes, revolutions,
skirts that get shorter and feathers without hats,
from their leaves hang words uttered on benches
but left without love.
The Prado's trees inspire poets who have stirred the lyre
beneath their branches for two hundred years,
and give shade to old people who remember cyclones,
and serve as witnesses at weddings and parades,
and are a setting for photos,
and give shelter from the heat,
and resist the winds and the buses' fumes,
and let people carve arrows in their trunks
that break hearts.
The Prado's trees,
whose stubborn shadows keep their colors,
know that if they died out
the eight lions would be left without a grove.

*The *Paseo del Prado* is a large pedestrian boulevard on the border
between Old Havana and New Havana. The eight stone lions are
statues along its way.

Los árboles de Prado

Los árboles de Prado han visto todo,
comparsas, festivales, huelgas, revoluciones,
y faldas que se achican y plumas sin sombreros,
y de sus hojas cuelgan las palabras que dichas en los bancos
se quedan sin amores.
Los árboles de Prado animan a poetas que bajo su ramaje
impacientan la lira desde hace un par de siglos,
y dan sombra a los viejos que recuerdan ciclones,
y sirven de testigos a bodas y engalanes,
y son marco de fotos,
y aplacan los calores,
y resisten los vientos y el vaho de las guaguas,
y que alguien en su tronco
le cincele una flecha que rompe un corazón.
Los árboles de Prado,
cual tenaces sombrillas mantienen sus colores,
saben que si se ajan
dejarían sin selva a los ocho leones.

The Road

I'm going to clean the brush off the road
of those who go seeking meteorites in the fields,
the treasures won't go to strangers any more,
and the weeds won't give the censors an excuse.
I'll pull up the dry stuff,
it will wind up in sad bundles
for the donkeys to transport to nothingness,
the road will stay that way with unequal stretches
of rocks that correspond to life
with its sharp seams and with puddles and mud,
and the green of other plants, the good and the bad,
and flowers in waiting.
No one knows where the path ends or
where the voyage begins,
and so I remove the faded colors
of the brush;
maybe this road will be our unique landscape.

El camino

Voy a limpiar de paja el camino
de los que quieran encontrar meteoritos en los campos,
ya no serán de extraños los tesoros,
ni la maleza servirá de excusa a los censores,
arrancaré lo seco
que habrá de ir a parar a tristes pacas
que llevarán los asnos a la nada,
quedará así el camino con tramos disparejos
de rocas que responden a la vida,
con sus vetas filosas y con charcos y lodo,
y el verde de otras hierbas, las buenas y las malas,
y flores a la espera.
Nadie sabe dónde acaba la senda o acaso
empieza el viaje,
por eso yo aparto los colores tan tristes
de la paja;
quizás este camino va a ser nuestro único paisaje.

Limitations

Verses that don't move like sap
going up the xylem
without restraining its course—
seeking the leaves, so remote!
so as to know the light—
arrive merely as loose threads
from the liveries of bees,
and those that are resigned to being
just scales
won't ever be able to soar to survey
the Andes.

Limitaciones

Los versos que no van como la savia,
recorriendo el xilema
sin amansar el viaje,
—en busca de las hojas, ¡tan remotas!,
por conocer la luz—
no llegan más que a hilachas
de las libreas de abejas,
y aquellos conformados con ser
tan sólo escamas
jamás podrán planear para sondear
los Andes.

Duck-billed Platypus

I, the atheist,
tear my hair before a duck-billed platypus,
I take my shirt off and suckle it,
I put my hat on and caress it,
but as an atheist
I hover in its ambivalence,
an egg driven mad with nowhere to fly off from,
because sometimes professing with Darwin
yanks me out of atheism,
the scales fly away,
the feathers blow away,
and secrets grow blurry
behind the oyamels covered with
monarch
butterflies.
And so it is that I, the atheist,
am a hodge-podge
of Homo sapiens and that Neanderthal
even more unknown in the mysteries of faith
who warns us
that in terms of evolution
we need to leave the larger space
for amazement.

Ornitorrinco

Yo, la atea,
delante de un ornitorrinco me despeino,
me saco la camisa y lo alimento,
me pongo mi sombrero y lo acaricio,
pero al ser yo atea
floto en su ambivalencia
de huevo enajenado sin despegue,
porque a veces con Darwin profesar
me saca de lo ateo
me vuelan las escamas,
me soplan las plumas
secretos que se esfuman
tras de los oyameles cubiertos de
monarcas
mariposas.
Y es que yo, la atea,
soy amasijo
de Homo sapiens y de aquel Neandertal,
aún más ignoto en misterios de fe,
quien nos advierte
que de la evolución
hay que dejar el mayor espacio
a los asombros.

Cuban Geography

San Antonio and Maisi, from their tips
the humid canvas spreads,
Zapata and Varadero safeguard its length
and pamper the colors that mock the mud
or are a mantle for dolphins or a veil for the gulls.
Within this frame
the heights boast of being clothed in pine,
the lagoons are houses,
the rivers bathe pastures, the caves are prolific
in stone fungi.
Four thousand one hundred islands
far from neighbors give a framework
to the big lizard,
and in the south a medallion guards the thousand treasures,
grapefruits and dolls;
in the whole majestic ensemble
of large things and small,
frequent cyclones uproot its palms,
sobbing overflows it, hard farming breaks it.
And when everything happens, or when nothing
happens,
the sea, always a cradle
consoles the archipelago.

Geografía cubana

San Antonio y Maisí desde sus puntas
estiran el lienzo húmedo,
Zapata y Varadero también amparan la distancia
y malcrían colores que se burlan del fango
o son manto a delfines o velo a las gaviotas.
Adentro del enmarque
las alturas se jactan vestidas por pinares,
las lagunas son casas,
los ríos bañan pastos, las cuevas son prolíficas
en los hongos de piedra.
Hay cuatro mil cien islas
ajenas de vecinos que dan marco
al lagarto,
y al sur un medallón guarda los mil tesoros,
toronjas y muñecas,
y a todo el gran conjunto,
de pequeñas y grandes,
los ciclones frecuentes le despeinan las palmas,
le desbordan los llantos, le rompen las labranzas.
Y cuando todo pasa, o cuando nada
pasa,
el mar, que siempre es cuna,
consuela el archipiélago.

Cuban Tody

Of the twenty-one birds endemic
to this archipelago
one is
your favorite,
and every time it appears in the thickets,
a little ball of colors
it soars towards me and brings you closer,
and I don't enjoy it,
I don't enjoy seeing it,
because its preposterous flight
drives me crazy.
Do I still have to wait for you?
Maybe you love me a little?
And I leave these landscapes
of deadly hope,
damn little bird,
get out of my way!

Cartacuba

De las veintiuna aves endémicas
de este archipiélago
hay una,
tu favorita,
que cada vez que en los montes
en bolita de colores aparece
me remonta y te acerca,
y no disfruto,
no disfruto verla,
porque me enloquece su
hierático vuelo,
¿es que aún debo aguardarte?,
¿acaso un poco me amas?
Y dejo estos paisajes
de esperanza asesina,
¡maldito pajarillo,
salte de mis caminos!

Crocodylus rhombifer

A crocodile displaying teeth and tail
(how they scare me!),
enters my dreams ready to frighten
whoever it meets on its path,
but today I'm dreaming of you,
who fill up everything,
and as soon as I see it
I subdue it,
I convert it into a toy, a weak little lizard
and prove
that no crocodile is more powerful than desire.

Crocodylus rhombifer

Un cocodrilo en alarde de dientes y de cola
(¡cuánto les temo!),
entra en mis sueños dispuesto a ahuyentar
lo que encuentre a su paso,
pero hoy te sueño a ti,
que todo llenas,
y apenas lo miro
lo doblego,
lo convierto en juguete, en flaca lagartija
y compruebo
que no hay cocodrilo más poderoso que el deseo.

Iguana

The best proof that ugliness doesn't exist
is this small iguana, with enormous jowls
and mismatched spines,
whose eyes with lids from centuries past
eagerly follow its mate's steps
among the flowers.

Iguana

La mayor prueba de que la fealdad no existe
es ese iguánido, enorme de papada
y espinas disparejas,
cuyos ojos con párpados de siglos
siguen ilusionados los pasos de la hembra
entre las flores.

Paparazzis of the Woods

After two weeks
of trying every day to take pictures of a reptile
that hides its rarity in the thickets,
the sound of first avocado of the season
falling on the leafy ground
echoes in our camp.
The young goat runs looking for it,
the dog follows behind (who would have said it),
and then finally us,
realizing that we've arrived late and will spend
another day without eating.
Meanwhile,
the strange lizard mockingly follows in its anonymity of leaves
and steps, eschewing fame.

Paparazzis de la selva

Después de dos semanas
atentos cada día para tomar las fotos de un reptil
que oculta su rareza en la espesura,
se escucha en nuestro campamento la caída
del primer aguacate de la temporada
sobre la hojarasca.
Corre el chivo en su busca,
detrás va el perro (quién lo diría),
y por último nosotros,
para reconocer que hemos llegado tarde y pasaremos
otro día en ayunas.
Mientras,
el extraño lagarto sigue burlón en su anonimato de hojas
y pasos esquivos de la fama.

Ivory-billed Woodpecker

Pent pent pent . . . tec!
resounds the echo of the hidden
bird.
Twenty eyes look for it,
those who believe in its existence,
that accomplice of the pine needles,
pulsate,
while it
having succeeded in besting
saws' teeth,
the centuries disloyal to its song,
flies away once again,
mistrustful.

Pájaro carpintero real

¡Pent pent pent . . . tec!,
resuena el eco del pájaro
escondido.
Veinte ojos lo buscan,
palpitan los que creen en su existencia
cómplice de agujas de pinares,
mientras que él,
que ha logrado vencer
los dientes de las sierras,
los siglos desleales a su canto,
se aleja una vez más,
y desconfía.

Bee Hummingbird

It holds the record among the miniscule
chordates that flirt with the force of gravity:
it's the bee hummingbird, exclusive to Cuba.
Even now nobody knows why it chose this
island of *güijes** as its setting;
maybe it's because with them,
in this collusion of woodland and whistles,
it finds nectar everywhere, stays far from perilous jaws
and always survives.

*The *güije* is a legendary Cuban creature that behaves like a goblin.

Zunzuncito

Tiene el record entre los minúsculos
cordados que coquetean con la fuerza de gravedad:
es el pájaro mosca, exclusivo de Cuba.
Nadie descubre aún por qué escogió de entorno
esta isla de güijes,
quizás sea porque con ellos,
en complicidad de montes y pitidos,
descubre todo néctar, se aleja de las fauces
y siempre sobrevive.

Flamingoes

He arrives in a flight of oranges,
to launch his lures of love,
and stubborn as an eggshell
creates warm craters, havens
for the eggs.
Then he puts his elegant tropical bill in the mud
and sucks up specks with the sign: "Chicks' hope";
but if by chance a hurricane draws near,
that entangler of legs
reverts to his secret routes like a genius.
This isn't one of my childhood stories,
it's the truth about the pink flamingo,
in love, above all,
with the blue green lagoon
and its artless tides.

Flamencos

Llega en vuelo de naranjas
para lanzar sus señuelos de amores,
y terco como un cascarón
crea cálidos cráteres, puertos
para los huevos.
Luego mete su pico de trópico elegante en el fango
y extrae las pepitas con el rótulo: "Ilusión de polluelos";
pero si acaso un huracán se acerca
embrollador de zancas,
cual genio él se remonta a las rutas que contienen secretos.
No es este uno de mis cuentos infantiles,
es la verdad sobre el flamenco rosa,
enamorado, sobre todo,
del verdeazul salado de las mareas ingenuas.

Flamingo Wall Chart

Pyiaapyiaa cries the child
imitating a small flamingo,
and another joins in the game,
suddenly there's a chorus like a
colony of chicks.
This happens inland,
where the bird is rarely seen,
where there's a teacher who knows
that the flamingos' hopes
lie with the children.

Lámina de flamencos

Pyiaapyiaa grita el niño
que imita un pequeño flamenco,
y otro al juego se suma,
de repente hay un coro cual si fuera
colonia de polluelos.
Esto ocurre tierra adentro,
donde apenas se ha visto el ave,
donde hay un maestro que sabe
que la esperanza de los flamencos
son los niños.

West Indian Manati

It's the marine pastures I shared with it in another century,
it's the waters of *Batabanó* that arouse me
in this face to face encounter with the most vulnerable:
the West Indian manatee.
Such gentleness in a large creature
moves me:
its fat lips,
its teeth that are constantly replaced,
the ancient biology that puts it near the elephants
are my home.
Every time I see a manatee
assaulted in its home
the scars in its loins so gouged by propellers
cloud over inside me.

El manatí antillano

Son los pastos marinos compartidos con él en otro siglo,
son las aguas de Batabanó que me despiertan
en este cara a cara con el más indefenso:
el manatí antillano.
Su mansedad de grande
me conmueve,
su boca gorda,
sus dientes substitutos,
la rancia biología que lo acerca a elefantes
son mi casa.
Cada vez que veo un manatí
de predios asaltado,
se me nublan las cicatrices hechas por las hélices
en sus lomos.

Migratory Bird

And I always pursue your memory,
like the migratory bird that woke up one winter
in my Alamar* bookshelf
searching for hope.

Ave migratoria

Y siempre persigo tu recuerdo,
como el ave migratoria que amaneció un invierno en mi librero
de Alamar
en busca de esperanza.

Oxygen

The withering leaves betray the branch,
just as the branch itself will fail the stalk;
the fallen tree forsakes the breezes and blames
its roots, which blame the stones;
the fruits, for their part, are blueprints of humus,
the trunk never strays from the stubbornness of trunks,
and the flowers, poor things,
are always so ephemeral.
The seeds?
The seeds offer their languor to the winds. . . .
Meanwhile, the sap,
always so savvy,
rises and brings the news so that even the nests
have to understand
a hurricane is coming.

Oxígeno

Las hojas que marchitan traicionan a las ramas,
como la propia rama le falla luego al tallo;
el árbol que se cae le es infiel a otros soplos y culpa
a sus raíces, que culpan a las piedras;
los frutos, por su parte, son esbozos de humus,
el tronco nada cambia en terquedad de tronco,
y las flores, las pobres,
son siempre tan efímeras.
¿Las semillas?,
las semillas ofrecen su desidia a los vientos . . . ,
mientras tanto, la savia,
que es sabia,
lleva y trae noticias para que hasta los nidos
no dejen de enterarse
del huracán que acecha.

Renovation of the Moon

The moon
with its multiple faces
is the best mirror of what's human:
its happiness when full is like laughter while waiting.
its quarters advance or destroy without connecting
distances.
The moon, a lunatic, as everyone knows,
hides in eclipses
or displays itself in its cyclical fancies
of being taken seriously,
but since it no longer maintains a royal distance from its surface,
and in doing so has lowered its guard
it exaggerates,
even offering itself as a vacation hotel,
(sometimes it tries to dazzle us with haloes,
but fulfills its intent a little less each time).
The moon, like people,
is losing its mystery,
since nothing might prevent a virtual moon from appearing,
joined to the one that's unique,
and then wolves and poets would find themselves in a tight spot
trying to figure out
which one was real.
Our verses are in danger,
will the howls be silent?

Renovación de la luna

La luna es el mejor reflejo de lo humano
con sus múltiples caras,
en su alegría de llena como risa a la espera
o en sus cuartos
que avanzan o destruyen sin juntar
las distancias.
La luna, que es lunática, se sabe,
se esconde en los eclipses
o se exhibe en caprichos
de ser tomada en cuenta,
pero ya no mantiene las reales distancias de su manto,
y en esa cercanía ha bajado la guardia y exagera
y hasta ofrece su hotel de vacaciones,
(a veces en sus halos aún intenta asombrar,
aunque cada vez menos consigue su propósito).
La luna, como el hombre,
está perdiendo su misterio,
ya nada impediría que una luna virtual apareciera
junto a ella que es única,
y lobos y poetas se verían en apuros para poder saber
cuál es la verdadera.
Nos peligran los versos,
¿callarán los aullidos?

AGRADECIMIENTOS / ACKNOWLEDGMENTS

La edición bilingüe de *Renovación de la luna* es una prueba de que el amor a la poesía es huésped de corazones generosos. A Michael L. Glenn todo mi agradecimiento por su traducción de este libro.

Y a quienes leyeron o escucharon los poemas de este volumen mientras preparaba la edición y ofrecieron su estímulo y comentarios, también les inscribo las más coloridas gracias de mis olas.

The bilingual edition of Renovation of the Moon *is a proof that love of poetry is a welcomed guest in generous hearts. I extend my deepest thanks to Michael L. Glenn for his translation of this book.*

And to all the persons who heard or read the poems in this volume and offered their encouragement and feedback while I was editing it I offer the most colorful thanks that live in my waves.